Martina

Maria, Mieze und Agathe

Rupert und Werner

Johanna mit Bella
(2 Monate alt)

Werner mit Bella
(6 Monate alt)

Martina mit Bella
(ein Jahr alt)

Für Maria von Trapp
und ihre unvergeßliche Familie

Das aufregende Leben
der Trapp-Familie
in vielen Bildern erzählt
von   Hans Wilhelm

Ein Herz und eine Seele

Den Text zu den Bildern schrieb
Sybil Gräfin Schönfeldt

Otto Maier Verlag Ravensburg

4   3   2   1   84   83   82

© 1982 by Hans Wilhelm Inc.
Alle Rechte, ausgenommen die
englischsprachigen Rechte,
by Otto Maier Verlag Ravensburg
Redaktion: Gisela Stottele
Gestaltung von Überzug und Layout:
Ralf Mauer, Hamburg
Printed in Italy
ISBN 3-473-35155-5

Viva la Musica!

Vi - va, vi - va la mu - si - ca, vi - va, vi - va la mu - si - ca, vi - va la mu - si - ca!

Es war einmal ein junges Mädchen, das hieß Maria und lebte seit einem Jahr in Kloster Nonnberg bei Salzburg, dem ältesten Kloster der Benediktinerinnen in Österreich. Maria hatte gerade ihre Lehrerinnenausbildung abgeschlossen und wollte nun Ordensfrau werden. Sie war die fröhlichste Anwärterin auf das Noviziat, die Probezeit vor dem endgültigen Eintritt in den Orden, die es in Nonnberg gegeben hatte. Sie rutschte jedes steinerne Geländer hinunter, sprang auf dem flachen Dach des Schulgebäudes über alle Rauchfänge und pfiff die Kirchenlieder, daß es im Kreuzgang nur so schallte. Maria freute sich darauf, in die Klostergemeinschaft aufgenommen zu werden und wollte auch als Nonne weiter Kinder unterrichten.

Eines Tages wurde Maria zur Oberin gerufen und erfuhr, daß sie Nonnberg verlassen sollte. Nein, nein, nicht für immer, nur für ein knappes Jahr. Ein verwitweter Baron von Trapp, Kapitän der ehemaligen österreichischen Marine, brauchte eine Lehrerin für seine kränkliche kleine Tochter. Maria erschrak, denn das Kloster war ihr schon das Zuhause, und sie wollte nicht fort. Doch sie war zur Hilfsbereitschaft erzogen und dazu, gehorsam das zu tun, was sie als Gottes Willen erkannt hatte. So empfing sie zum Abschied den Segen der Mutter Oberin, zog ihr Novizenkleid aus und wieder ein weltliches an, dazu schwarze Wollstrümpfe, feste Schuhe und einen Lederhut, der viel zu groß war und ihr gleich über die Augen rutschte.
So wanderte sie nach Salzburg hinunter, fuhr mit dem Bus nach Aigen und machte sich dabei sorgenvolle Gedanken: wie mochte der Kapitän sein? Ein strenger alter Seebär? Und ob er außer der kranken Tochter noch andere Kinder hatte?

Die Villa Trapp lag zwischen Kastanienbäumen mitten im Park. Beklommen marschierte Maria über den Kiesweg auf das große Eichentor zu, klingelte und wurde von einem Diener eingelassen.

Sie trat in eine Halle und sah als erstes eine prächtige Treppe, die sich nach oben schwang. Und dann stand der Kapitän neben Maria, und er war kein grimmiger Seebär, auch gar nicht alt, und begrüßte sie mit einem herzlichen Händedruck. Aber wo waren die Kinder?

Da zog der Kapitän eine Trillerpfeife hervor und begann, lauter verschiedene Signale zu blasen: für jedes Kind eins, erklärte er, weil es ihm zu viel sei, immer jedes Kind beim Namen zu rufen.
Ach du liebe Zeit! dachte Maria, wie viele mögen es wohl sein? Sie spitzte die Ohren, aber sie hörte keinen Mucks, kein Türenknallen, kein Getrappel und Gelächter. Statt dessen kam ein Kind nach dem anderen stumm die Treppe hinunter, bis sie voll war. Dann sagten sie wie aus einem Munde: „Grüß Gott, Fräulein Maria", und die Buben machten eine höfliche Verbeugung.
Vor Schreck über so viel Bravheit fiel Maria das Hut-Ungetüm vom Kopf. Da mußten alle lachen, und das Eis war gebrochen.

In der ersten Nacht konnte Maria kaum schlafen. Sie mußte immer an die blassen, ernsten Kinder denken: an Martina, die Jüngste, an die paus- bäckige Johanna, an Maria mit dem geschwächten Herzen, Hedwig das Schulkind, an Agathe, Werner und Rupert, den Ältesten. Vor vier

Jahren war die Mutter der Sieben gestorben, und seitdem hatten sie fünfundzwanzig Gouvernanten und Lehrerinnen gehabt! Die letzte hatte es nur zwei Monate ausgehalten... was mochten sich die Kinder für Streiche ausdenken, um sie auch aus dem Haus zu graulen?

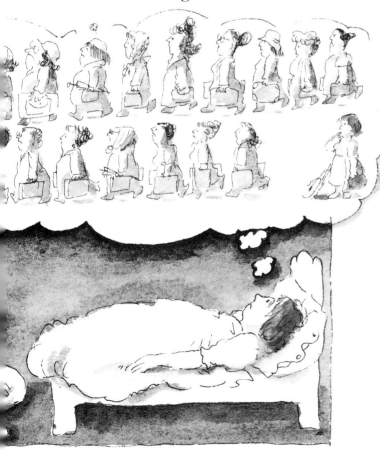 

Wachet auf, wachet auf

Kanon zu zwei Stimmen
Johann Jakob Wachsmann (1791–1853)

Wa - chet auf, wa - chet auf, es kräh - te der Hahn, die Son - ne be - tritt ih - re gol - de - ne Bahn.

Am nächsten Morgen hatte Maria alle Ängste vergessen. Sie sollte nicht nur die kränkliche Maria unterrichten, sondern auch Johanna, für die der lange Schulweg im ersten Schuljahr noch zu anstrengend war. Maria hatte also viel zu tun. Sie mußte morgens die großen Kinder versorgen, darauf achten, daß sie sich warm und ordentlich anzogen. Und wenn sie aus dem Hause waren, lief sie zu Maria und Johanna, und die Schule im Haus begann. Maria war eine gute Schülerin und sehr geduldig. Sie war nur traurig, daß sie ihre Klavierstunden hatte aufgeben müssen. Die große Maria entdeckte jedoch im Musikzimmer eine Geige, und der Kapitän erlaubte, daß seine Tochter darauf übte.
Kamen die Kinder aus der Schule heim, so beaufsichtigte Maria ihre Hausaufgaben und danach ihre Spiele. Es hatte sie gleich gestört, daß die Kinder stets in Kleidern steckten, in denen man sich nicht schmutzig machen darf und kaum richtig spielen kann. Doch als sie merkte, daß die Kinder sogar im eigenen Park nur Hand in Hand spazieren gehen durften, faßte sie sich ein Herz und bat den Baron, den Kindern Sachen zu kaufen, die nicht fein, sondern praktisch waren. Als im Herbst der Schnürlregen einsetzte und alle ins Haus sperrte, sang Maria eines Morgens ein Lied zur Gitarre. Kein Kind fiel ein, denn keines kannte dies Lied. Maria, die so gern sang, begann an diesem Tag, ihnen ihre Lieder beizubringen, und das machte allen Freude.

Maria und die Trapp-Kinder sangen nun, wann immer sie Zeit dazu fanden. Sie sangen beim Wandern, im Park, aber am liebsten saßen sie abends vorm Kamin, in dem ein gemütliches Feuer flackerte, Maria in der Mitte, alle Kinder um sie geschart. Sie sangen zuerst alles, was sie kannten, und Maria summte die zweite oder dritte Stimme dazu.

Dann brachte sie ihnen ein neues Lied bei, immer mit den Begleitstimmen, so daß sie alle Lieder vielstimmig singen konnten. Das klang so schön, und das gefiel ihnen über die Maßen gut, und Maria gefiel ihnen auch. Ihr brauchten sie keine Streiche zu spielen.

Dann kam die Weihnachtszeit. Vor dem ersten Advent erkundigte sich Maria, wo der Adventskranz immer aufgehängt würde. Der was? fragten die Kinder, und Maria merkte, daß die Kinder seit dem Tod der Mutter nichts von der weihnachtlichen Vorfreude gespürt hatten. Wieder war da etwas, das sie und die Kinder gemeinsam und füreinander machen und an dem sie sich gemeinsam freuen konnten.
Auch der Kapitän nahm teil.
Er besorgte den Reif und die Kerzen, er schnitt Tannenzweige zurecht, die Maria und die Kinder um den Reif flochten. Und Maria brachte ihn dazu, sich nicht mehr wie sonst abends in sein Zimmer zurückzuziehen, sondern sich wie ein rechter Familienvater zu den Kindern zu setzen. Er zündete die erste Kerze an, las das Evangelium, und dann sangen alle Advents-und Weihnachtslieder. Er sang mit, und er holte auch seine Geige herbei. Weil es der kleinen Maria besser ging und sie das Bett verlassen durfte, erklangen nun drei Instrumente zusammen, die beiden Geigen und Marias Gitarre.

Wenn sie nicht musizierten und sangen, stürzten sich die Kinder in Weihnachtsbasteleien, denn Maria hatte ihnen erklärt, daß die schönsten Geschenke diejenigen sind, die man selber für jemand anders macht. Auf dem großen runden Tisch im Kinderzimmer häuften sich Farben, Pappe, Wolle, Nadeln und Zwirn. Es roch nach Leim, und während emsig gewerkt wurde, brachte Maria den Sieben jeden Abend ein neues Weihnachtslied bei. Sie stammte aus einer Tiroler Bauernfamilie und kannte viele alte Volkslieder, die von Generation zu Generation vererbt wurden.

Im ganzen Haus roch es nach Zimt und Vanille, und wenn die Kinder aus der Schule kamen, rannten sie sofort in die Küche. Denn Maria kannte auch viele alte Rezepte von Pfeffernüssen und Pomeranzenbusserln, Vanillekipferln und Kletzenbroten. Besonders gerne halfen sie bei den Vorbereitungen für den Lebkuchen, der in Österreich auf keinem Weihnachtsteller fehlen darf. Dazu löst man zuerst einmal fünfzehn Gramm Pottasche in etwas Rosenwasser oder Milch auf. Dann vermengt man in einer großen Schüssel 750 Gramm Mehl mit einem Teelöffel gemahlenem Zimt, anderthalb Teelöffeln gemahlenen Gewürznelken und einer Messerspitze Kardamon. Nun muß jemand vier Eier mit 500 Gramm Zucker schaumig rühren. Dazu kommen 250 Gramm Honig, 100 Gramm fein gewiegtes Zitronat, 375 Gramm gemahlene Mandeln, die aufgelöste Pottasche und das Mehl samt einer Prise Salz. Alles muß gut vermengt und zum Schluß durchgeknetet werden. Der Teig wird nun auf den bemehlten Küchentisch gelegt und kleinfingerdick ausgerollt, mit einem Rädchen zu Rechtecken oder Figuren ausgerädelt, auf gefettete Backbleche gelegt und über Nacht stehen gelassen. Dann werden die Lebkuchen bei Mittelhitze etwa fünfundzwanzig Minuten gebacken. Abgekühlt werden sie mit Zuckerguß überzogen und nach Belieben mit abgezogenen halbierten Mandeln dekoriert.

Das haben die kleinen Mädchen besonders gut gekonnt, und zur Belohnung haben alle Helfer die Lebkuchen bekommen, die ein wenig angebrannt waren. Ob das viele waren? Ach, die Köchin hat viel zu gut aufgepaßt!

O Tannenbaum

Melodie: Volkstümlich, (vor 1800)

O Tan-nenbaum, o Tan-nenbaum, wie treu sind deine Blät-ter! Du

grünst nicht nur zur Sommerszeit, nein auch im Win-ter, wenn es schneit. O

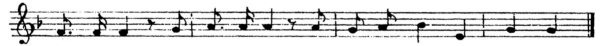

Tan-nenbaum, o Tan-nenbaum, wie treu sind dei-ne Blät-ter.

O Tannenbaum, o Tannenbaum,
du kannst mir sehr gefallen!
Wie oft hat nicht zur Weihnachtszeit
ein Baum von dir mich hoch erfreut!
O Tannenbaum, o Tannenbaum,
du kannst mit sehr gefallen.

O Tannenbaum, o Tannenbaum,
dein Kleid will mich was lehren:
die Hoffnung und Beständigkeit
gibt Trost und Kraft zu aller Zeit.
O Tannenbaum, o Tannenbaum,
dein Kleid will mich was lehren.

Eine Woche vor Weihnachten fanden die Kinder die Tür des Salons verschlossen. Dort hat jetzt, erklärte ihnen Maria, das Christkind mit seinen Engeln mit der Arbeit begonnen. Daraufhin gingen die Kleinen nur noch auf Zehenspitzen, aber Rupert und Agathe, die Ältesten, runzelten die Stirn. Doch als sie sahen, wie sich die Kleinen freuten, als sie ein weißes Engelshaar auf der Treppe fanden und einen Silberpapierstern auf ihren Kopfkissen, da schauten sie Maria an und lächelten.

Am letzten Abend vor dem Fest nahm der Kapitän eine Axt und stapfte durch den Schnee zu einer Reihe von Tannenbäumen, die den Park begrenzten. Er suchte den schönsten aus, fällte ihn und trug ihn ins Haus. In der Nacht, als alle Sieben schliefen, putzten die Erwachsenen die hohe Tanne mit über hundert Kerzen, Engelshaar, Lebkuchen, Marzipan, goldenen Äpfeln und Nüssen.
Am Heiligen Abend gingen alle in die Kirche und schauten sich nach der Messe die Krippe an, die neben dem Altar aufgebaut war.
Durch Schneegestöber und klirrenden Frost wanderten sie heim, und

23

bald rief eine silberne Glocke zur Bescherung. Die Kinder bekamen viele und schöne Spielsachen, doch am meisten freuten sie sich über die Krippe von Maria und die praktischen Wetterflecke und Wanderstiefel. Nach der Bescherung setzten sie sich vor den Kamin und sangen.

Vom Himmel hoch, ihr Englein kommt

Melodie: Kölner Gesangbuch (1625)
Text: geistl. Wiegenlied (um 1700)

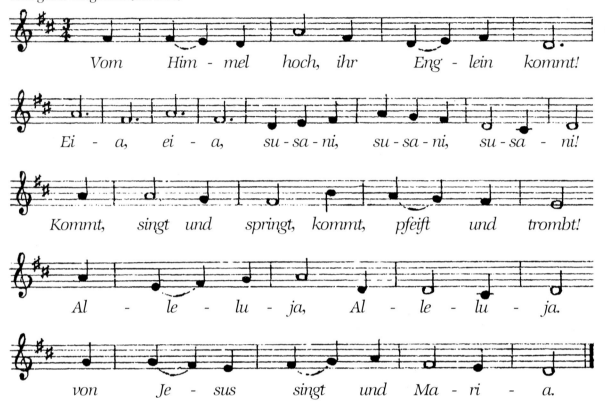

Vom Himmel hoch, ihr Englein kommt!
Eia, eia, susani, susani, susani!
Kommt, singt und springt, kommt, pfeift und trombt!
Alleluja, Alleluja.
Von Jesus singt und Maria.

Kommt ohne Instrumenten nit,
Eia, eia, susani, susani, susani!
Bringt Lauten, Harfen, Geigen mit.
Alleluja, Alleluja.
Von Jesus singt und Maria.

Das Lautenspiel muß lauten süß,
Eia, eia, susani, susani, susani!
Davon das Kindlein schlafen müß.
Alleluja, Alleluja.
Von Jesus singt und Maria.

Singt Fried' den Menschen weit und breit.
eia, eia, susani, susani, susani!
Gott Preis und Ehr in Ewigkeit.
Alleluja, Alleluja.
Von Jesus singt und Maria.

Zur Mitternachtsmesse ging Maria zum Nonnberg. Sie sah immer noch die Gesichter der Kinder vor sich, nun nicht mehr blaß und ernst, sondern voller Fröhlichkeit.

Sie dachte auch an den Kapitän und daran, daß sie sich in seinem Hause nicht mehr wie in der Fremde fühlte. Und als sie im Licht der Laternen heimging, spürte sie, wie sehr sie alle Trapps gern hatte.

Hiaz kimmt der schön Fruahjåhr

Salzburg
Fröhlich

Hiaz kimmt der schön Fruah-jåhr, a lu-sti-ge Zeit! Werd'n Berg und Tål a-per, Bua, dås is a Freud! Då wåchsent schöne Blea-mal, då wåchst Heu und Gråe; drum wånn i an dås Fruahjåhr denk, da freut's mi viel båß.

*Hiaz kimmt der schön Fruahjåhr, Bua, dös is mei Leb'n!
Då singent die Vogal, toant Nestl bau'n daneb'n;
und ob'n auf'n Birgplåtz, då grudelt schon der Håhn,
er måcht seine G'sätz'l, und schnakk'lt, wås er kånn.*

*In Fruahjåhr, wann d'Sunn scheint, der Guggu dånn schreit,
då blüah'n schon die Kerschbam, jå, dås is a Freud!
Werd'n d'Hochålma grean wia die Felder bein Lånd;
då tuar i's an Juchschroa, dåß's hillert in Lånd!*

Im Frühling, als das Wetter wieder wärmer wurde, machte Maria viele Wanderungen mit den Kindern, und sie sangen nun andere, schwierigere Stücke: Motetten, Lieder von Mozart, der auch in Salzburg gelebt hatte und alte, vielstimmige Choräle.

Maria begann, die Tage zu zählen, die sie noch von der Heimkehr ins Kloster Nonnberg trennten.
Den Kindern behagte es jedoch gar nicht, daß sie sich wieder von Maria trennen sollten, denn sie hatten sie viel zu lieb.

Maria wurde von der Unruhe der Kinder angesteckt und war froh, daß sie sich vor den eigenen Gedanken in eine Arbeit flüchten konnte: in den Frühjahrsputz. Sie fegte mit den anderen Dienstboten die Wände ab, klopfte die Gardinen und kletterte schließlich auf eine Leiter, um den Kronleuchter zu waschen. Da sah sie, wie die drei jüngsten Kinder zum Kapitän ins Zimmer liefen und nach einer Weile wieder herauskamen. Sie schrien etwas zu ihr empor, aber Maria, die noch nie einen Kristallüster gewaschen hatte, hörte nicht genau zu, sagte nur: „Ja, ja!" und schaute zufrieden den sauberen Lüster an.

Da stand der Kapitän neben ihr und strahlte, weil sie seinen Heiratsantrag angenommen hätte. Maria ließ vor Schreck den Putzlappen fallen, und nun stellte sich heraus:

Die Kinder hatten in der Früh beratschlagt, wie sie ihre liebste Maria für immer behalten könnten und entschieden, der Vater müsse sie heiraten. Also wurde er gefragt und erwiderte, ja gerne, aber er wisse ja gar nicht, ob ihn die Maria gern hätte. Da rannten die Kinder zu Maria und kamen sofort wieder zum Vater zurück und riefen triumphierend: ja, Maria hätte ihn gern.

So wurde Verlobung gefeiert, denn auch die ganze Klostergemeinschaft stimmte dem Wunsch der Kinder und des Kapitäns zu und machte es Maria leicht, zu diesem ganz unerwarteten Leben und seinen Aufgaben Ja zu sagen.

An einem Herbsttag heirateten Maria und Georg von Trapp. In dem Zimmer auf dem Nonnberg, in dem Maria so viele glückliche Jahre verbracht hatte, kleideten sie ihre ehemaligen Gefährtinnen in ihr Hochzeitsgewand. Die Äbtissin führte sie zur Kirche, und alle Ordens- und Laienschwestern begleiteten sie. Der Kapitän, in voller Uniform, wurde von seinen beiden ältesten Töchtern zum Altar geleitet,

die Jungen führten Maria, und die kleinen Mädchen trugen die Schleppe. Die Glocken läuteten, die Orgel setzte ein, und niemand kann sagen, wer an diesem Tag am glücklichsten gewesen ist.

Echo-Jodler

Österreich

He - i - ti, ho - i - ti, halt's Mäu, sei schtü, i geh hoam, wann i wü.

He - i - ti, ho - i - ti, halt's Mäu, sei schtü, i geh hoam, wann i wü.

He - i - ti, ho - i - ti, halt's Mäu, sei schtü, i geh hoam, wann i wü.

He - i - ti, ho - i - ti, halt's Mäu, sei schtad, sei schtü.

Familiensommer! Das war etwas Neues für den Kapitän, der nun nicht mehr wie früher wochenlang allein verreiste.
Seine Kinder hatten zur neuen Mutter den Vater zurückgewonnen, und sein Bariton fügte sich ebenso gut wie seine Geige in den Familienchor, denn musiziert und gesungen wurde nun mit neuer Freude. In den Schulferien zog die ganze Familie mit Verwandten, Zelten und Fahrrädern durchs Land.

Während der Salzburger Festspiele glich das Haus in Aigen einem Hotel, weil sich von überall her die Verwandten einluden. Die Kinder mußten dann Fremdenführer spielen. Das wurde mit der Zeit langweilig, und alle waren froh, als das Haus im Herbst wieder ihnen allein gehörte!

Der Herbst und Weihnachten vergingen, und kaum waren die letzten Bastelsachen weggeräumt, da begannen die Mädchen, Jäckchen und Höschen zu stricken, und die Jungen zimmerten mit dem Vater eine wunderschöne Wiege. Im Februar brachte Maria ein Mädchen zur Welt, das Rosemarie getauft wurde, und zwei Jahre darauf kam im Mai ein zweites Mädchen dazu, Eleonore.

Abermals zwei Jahre später verboten die Nationalsozialisten in Deutschland über Nacht den Touristenverkehr mit Österreich, und das kleine Land kam in ernste wirtschaftliche Schwierigkeiten. Dabei ging die Bank, in der das Geld des Kapitäns angelegt war, in Konkurs. Die Trapps verloren ihr ganzes Geld. Der Kapitän machte sich große Sorgen um die Familie. Aber Maria in ihrem festen Gottvertrauen und die Kinder ließen sich von diesem Verlust überhaupt nicht bedrücken.

Sie rückten im Haus zusammen, vermieteten Zimmer, machten alle Arbeiten selbst. Sie schafften das Auto ab, und Rupert, der in Innsbruck Medizin studierte, verdiente sich sein Geld selber. Das gab auch dem Vater wieder Mut und Kraft. Er sah, daß man nie wirklich arm sein kann, wenn man auch in einer solchen Lage fest und treu zusammenhält.

Auch in dieser Zeit hörten Maria und die Kinder niemals auf, zu singen. Eines Tages besuchte ein junger Priester, Monsignore Wasner, einen ihrer Mieter und hörte sie eine Motette singen. Es gefiel ihm sehr, aber er hörte auch, daß ihre Stimmen begeistert, aber ungeschult klangen und verstand selbst so viel vom Singen, daß er ihnen sagen konnte, was sie ändern müßten. Sie folgten seinem Rat. Und wirklich,

Heidschi bumbeidschi

Aus dem Salzburgischen

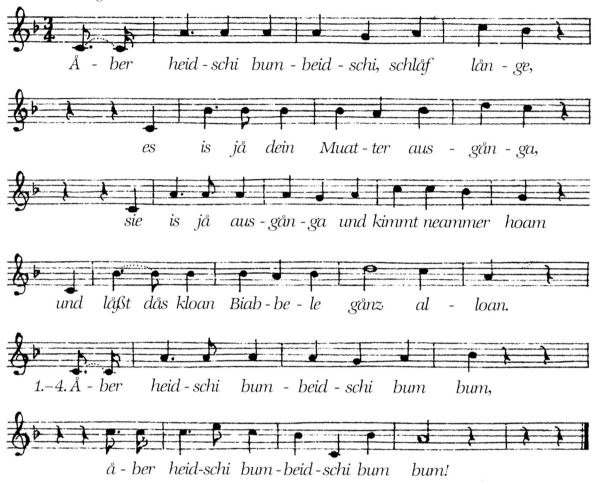

Åber heidschi bumbeidschi, schlåf siaße,
die Engelen låssn di griaßn!
Sie låssn di griaßn und låssn di frågn,
ob du in' Himml spaziern willst fåhrn.

Åber heidschi bumbeidschi, in' Himml,
då fåhrt di a schneeweißer Schimml,
drauf sitzt a kloans Engal mit oaner Låtern,
drein leicht' von' Himml der ållerschenst Stern.

Der Heidschi bumbeidschi is kumma
und hat ma mein Biable mitgnumma;
er håt ma's mitgnumma und håt's neammer bråcht,
drum winsch i mein' Biabal a recht guate Nacht!

es klang besser, weil nun trotz der Harmonie aller Stimmen jede das deutlicher ausdrückte, was in ihr lag. Mit Feuereifer begannen sie, nun regelmäßig miteinander zu üben und zu singen, der Monsignore und die Trapps. Und als im folgenden Jahr Lotte Lehmann, eine berühmte Sängerin, zu den Festspielen nach Salzburg kam und bei den Trapps ein Zimmer mieten wollte, da hörte sie im Vorübergehen hinter den Tannen den Gesang der Familie.

Sie blieb überrascht stehen, klatschte dann Beifall und beschwor die Trapps in ihrer Begeisterung, dieses Talent nicht zu verbergen, sondern allen Menschen zugänglich zu machen.
Mehr noch: Lotte Lehmann meldete die Trapps kurz entschlossen und sofort zum Wettbewerb für Chorgesänge an, der im Rahmen der Festspiele stattfand. Wann? Nun, morgen! „Unmöglich!" riefen alle, und der Kapitän war entsetzt:

die Familie eines österreichischen Freiherrn und ehemaligen Marineoffiziers sollte auf die Bühne?
Das schickte sich ganz und gar nicht!
Aber Lotte Lehmann lächelte nur.

Und was sollten sie machen? Üben, trotz Herzklopfen und Zorn auf sich selbst: üben, üben...

Beim Wettbewerb gab es viel Volksmusik, Sänger und Musikanten aus ganz Österreich waren gekommen. Es erklang manches Lieblingslied der Trapps, zum Beispiel dieses aus Österreich:

Kuckuck, Kuckuck

Kuckuck, Kuckuck, ruft aus dem Wald. Lasset uns sin-gen, tanzen und sprin-gen! Früh-ling, Früh-ling wird es nun bald!

Kuckuck, Kuckuck, läßt nicht sein Schrei'n: Komm in die Felder, Wiesen und Wälder! Frühling, Frühling, stelle dich ein!

Kuckuck, Kuckuck, trefflicher Held! Was du gesungen, ist dir gelungen: Winter, Winter räumet das Feld.

Die Trapps kamen erst am späten Nachmittag an die Reihe. Als ihr Name aufgerufen wurde, bekam selbst Maria weiche Knie. Sie sangen, aber sie wußten später nicht, was sie gesungen hatten. Sie hörten nur den Applaus, stolperten von der Bühne, durften aber nicht gleich wieder heimlaufen, sondern mußten auf die Preisverteilung warten. Und dann kamen die Preisrichter von der Beratung zurück, tiefe Stille

senkte sich auf das Publikum, und eine Stimme sagte:
„Erster Preis für die Familie Trapp aus Salzburg!"

Nein, sie glaubten es kaum.
Aber sie mußten noch einmal auf die Bühne: Gratulation, ein Diplom und Beifall.

Viva la Musica!

Michael Praetorius, (1571–1621)
Kanon zu drei Stimmen

Anfangs fiel es dem Kapitän schwer, seine Familie auf der Bühne zu sehen. Gewiss, er war stolz auf den Ersten Preis, aber er beruhigte sich erst wieder, als sie ihm versprachen: „Nie wieder!"
Sie ahnten nicht, daß sie plötzlich berühmt geworden waren. Viele hatten sie gehört, allen hatten sie gefallen.

Nun meldete sich Radio Salzburg. Was sollte also geschehen? Was sprach eigentlich dagegen, anderen mit der eigenen Musik Freude zu machen? Selbst der Kapitän mußte zugeben: Gar nichts. So sangen sie im Funkhaus auf dem Mönchsberg an einem Samstagnachmittag.

Die Lieder der Trapps wurden überall, in ganz Österreich gehört. Zufällig hatte sie auch der Bundeskanzler gehört. Sie gefielen ihm so gut, daß er die Familie einlud, auf einem Empfang für ausländische Diplomaten in Wien zu singen.

Die Trapps freuten sich über diese Einladung, aber sie reisten widerstrebend nach Wien. Sie liebten ihre Zurückgezogenheit, waren sich selbst genug, hatten bisher vor jedem Auftritt Lampenfieber – warum also etwas machen, was sie nicht gerne taten? Doch wieder hatten sie Erfolg, wieder hörten sie: „Das ist einmal etwas anderes!"

So war es der Kapitän selbst, der zustimmte, daß sie ein öffentliches Konzert im Kleinen Musikvereinssaal in Wien gaben, und dann im nächsten Jahr bei den Salzburger Festspielen, Traum aller Träume für Sänger und Musikanten. Vergnügt sammelten sie ihre Kritiken und legten sie mit weiteren Angeboten, darunter auch eins aus Amerika, in die Schublade und dachten: nun ist aber alles wirklich vorbei.
Im Gegenteil, jetzt begann erst alles.

Jetzt kamen die Einladungen aus ganz Europa, und nach einem Sommer und Herbst voll harter Arbeit machten sie wahrhaftig eine Tournee. Sie fuhren nach Paris, London, Brüssel, Den Haag, nach Mailand, Turin, Assisi und Rom. Sie sangen vor Königen und vor dem Heiligen Vater und genossen es, die Städte kennen zu lernen. Noch schien alles voller Frieden, noch war nichts zerstört.

Im folgenden März erfuhren die Menschen auch in Österreich, wie dieser Friede bedroht war.

Im März 1938 ließ Hitler das Land besetzen. Der Bundeskanzler sagte: „Ich weiche der Gewalt!", und wenn beim Einmarsch der reichsdeutschen Truppen auch viele Österreicher gejubelt haben: die Hoffnung auf ein besseres Leben nach dem Anschluß an das Dritte Reich verging rasch. Denn Hitler ließ wie dort sein Macht- und Spitzelsystem aufbauen. Und wer Widerstand leistete, mußte um sein Leben und das seiner Familie fürchten. Bald wußte niemand mehr, wem er trauen konnte.

Die Trapps wurden von den neuen Machthabern umworben: der Kapitän sollte eins der neuen U-Boote übernehmen. Die Familie wurde eingeladen, zu Hitlers Geburtstag zu singen. Ruhm und Reichtum unter Menschen, die andere verfolgen und ermorden, wenn sie sich ihnen widersetzen? Für die Trapps gab es keine Wahl:
Sie verließen ihr Vaterland.

Innsbruck, ich muß dich lassen

Heinrich Isaac (1495)

Innsbruck, ich muß dich las - sen, ich fahr da - hin mein Stra - ßen
in frem - de Land da - hin. Mein Freud ist mir ge - nommen,
die ich nit weiß be - kom - men, wo ich im E ----- lend bin!

Groß Leid muß ich ertragen,
Das ich allein tu klagen
Dem liebsten Buhlen mein.
Ach Lieb, nun laß mich Armen
Im Herzen dein erbarmen,
Daß ich muß ferne sein!

Mein Trost ob allen Weiben,
Dein tu ich ewig bleiben,
Stet, treu, in Ehren fromm.
Nun müß dich Gott bewahren,
In aller Tugend sparen,
Bis daß ich wiederkomm!

Die Flucht mußte heimlich geschehen, damit man sie nicht noch im letzten Moment festhielt. Und sie mußten alles zurücklassen,

Haus und Kleider, Spielsachen und Freunde. Einer jedoch, Monsignore Wasner, entschloß sich zu ihrer großen Freude, sie zu begleiten.

So brachen sie zu Wanderferien in den Alpen auf. Sie hatten aber auch kein Geld mitnehmen können. Was sollte nun aus ihnen werden?

Nehmt Abschied, Brüder

Auld lang syne
Robert Burns (1759–1796)

Deutsche Fassung: Claus Ludwig Laue

Die Sonne sinkt, es steigt die Nacht, vergangen ist der Tag.
Die Welt schläft ein, und leis erwacht der Nachtigallen Schlag.
Der Himmel wölbt sich ...

So ist in jedem Anbeginn das Ende nicht mehr weit,
wir kommen her und gehen hin, und mit uns geht die Zeit.
Der Himmel wölbt sich ...

Nehmt Abschied, Brüder, schließt den Kreis, das Leben ist ein Spiel;
und wer es recht zu spielen weiß, gelangt ans große Ziel.
Der Himmel wölbt sich ...

Maria brauchte bald ein neues Heim, denn sie erwartete wieder ein Kind. Doch der Kapitän hatte den Brief mit dem Angebot aus Amerika, dort auf eine Konzertreise zu gehen, mitgenommen. Er hatte darauf geantwortet und um Geld für die Überfahrt gebeten. Nun saßen sie in den italienischen Bergen und warteten. Endlich kam der ersehnte Brief mit allen Zusagen und mit Geld und den Schiffskarten. Die Familie konnte also nach London reisen, und im September ging sie an Bord der „American Farmer".

Die „American Farmer" war ein kleines Schiff, das für die Überfahrt fast zwei Wochen brauchte. Ach, waren die Trapps froh, daß sie nun tatsächlich auf dem Weg nach Amerika waren! Die ersten drei Tage lang war die See rauh, und bis auf Maria und den Kapitän wurden alle seekrank. Doch dann klarte das Wetter auf, auch die anderen Passagiere erschienen wieder an Deck. Maria stürzte sich sofort auf sie, denn sie wollte in den restlichen Tagen so viel Englisch lernen, wie es ging. Und: die ersten Lieder aus Amerika!

Die Freiheitsstatue im Hafen von New York begrüßte die Trapp-Familie als Sinnbild der Unabhängigkeit und Freiheit, die in Europa immer seltener werden sollte.

Die Trapps hatten sich auf dem Schiff schon mit Amerikanern angefreundet und gemerkt, wie freundlich und hilfsbereit ihnen die meisten Menschen entgegenkamen. Aber: als sie samt ihren Gepäckstücken, vier Gamben, acht Blockflöten, einer Gitarre vor ihrem Hotel aus dem Taxi kletterten, da waren sie überwältigt und fassungslos. Sie kamen vom Lande.
Sie kannten keine Wolkenkratzer und keinen Großstadtverkehr. Ihre Landschaft war auf einen Blick zu übersehen gewesen. Hier verirrte sich Maria schon am ersten Tag in den Straßenschluchten und starb fast vor Angst, als sie das erste Mal mit der U-Bahn fuhr und sich auf eine Rolltreppe stellen mußte. Nun waren es die Kinder, die alles viel schneller begriffen und der Mutter halfen. Viel Zeit zum Eingewöhnen blieb ihnen freilich nicht.
Sie konnten sich gerade etwas auf die Tournee vorbereiten, da hielt auch schon der große blaue Bus vorm Hotel. Die Trapps stiegen ein und brachten ihre Gepäckstücke so gut wie möglich unter.

62

Dann gings los, von Stadt zu Stadt. Auch von Erfolg zu Erfolg? Sie sangen gut, das bestätigten alle Kritiken, aber ihre Stücke waren zu lang, zu ernst. Die Säle blieben halb leer. Aber die Trapps wollten sich nicht ändern. Sie wollten sich auch nicht schminken, ihre Tracht nicht gegen Glitter-Kleider austauschen. Als dann der kleine Johannes geboren wurde, mußte die Tournee ohnehin abgebrochen werden. Aber wie lange würde ihr Geld reichen? Und was sollten sie machen, wenn ihr Besuchsvisum abgelaufen war? Sorgen über Sorgen. Doch da kam ein Angebot aus Skandinavien, und alle schifften sich wieder ein und fuhren noch einmal nach Europa zurück. Das war der Sommer vor dem Ausbruch des Zweiten Weltkriegs.
In diesem Sommer 1939 lernte die Trapp-Familie, sich nicht das Herz und die Stimme von Sorgen belasten zu lassen: bei jedem Konzert hörte jemand zu, der sie zum nächsten Ort einlud, und diese Freude schenkte den Trapps eine ganz neue Sicherheit. Es kam ihnen manchmal so vor, als seien sie zuhause in Salzburg und sängen für ihre Freunde. Als sie nun im Herbst ein zweites Mal nach Amerika fuhren, diesmal für immer, hatten sie keine Angst mehr. Sie lächelten nun, wenn der Vorhang aufging; sie erklärten den Zuhörern ihre Stücke und Lieder, die sie sangen; und sie merkten, daß Bühnenschminke nichts mit Eitelkeit zu tun hat, sondern im grellen Rampenlicht notwendig ist.

Die Tiroler sind lustig

Spiellied aus Österreich

Die Ti - ro - ler sind lu - stig, die Ti - ro - ler sind froh, sie ver-
kau-fen ihr Bettzeug und schlafen auf Stroh. Ru - di - ru - di rul-lal-la
rul - la - la, rul - lal - la. Ru - di - ru - di rul-lal - la rul - lal - lal - la.

Die Tiroler sind lustig,
die Tiroler sind froh,
sie nehmen ein Weibchen
und tanzen dazu.

Erst dreht sich das Weibchen,
dann dreht sich der Mann,
dann tanzen sie beide
und fassen sich an.

Ging etwas schief, so entschuldigten sie sich mit einem Scherz. Da lachten und klatschten alle, und die Trapps sangen als Ersatz noch ein Lied oder einen Jodler. Sie hatten begriffen: es reicht nicht aus, wenn man nur fehlerlos singt. Man muß auch den Zuhörern zeigen, daß man für sie singt, daß man sie gern an der Musik teilnehmen läßt.

Die Trapp-Familie reiste nun wie ein Wanderzirkus im Bus oder in zwei riesigen Autos durch die Lande, samt Kindern und Koffern, dem Monsignore, der selbst beim Fahren mit ihnen übte, und einer Lehrerin, die so oft Schule hielt, wie es in diesem Trubel ging. Die kleinen Mädchen kamen manchmal in ein Schulpensionat, manchmal liehen Freunde der Familie über den Sommer ein Haus, damit sie etwas zur Ruhe kamen und in ordentlichen Betten schlafen konnten. Ein eigenes Haus? Ach, dachten sie, so viel Geld werden wir uns nie zusammensingen können....

Eines Tages fuhren sie durch ein Tal in Vermont. Es sah fast wie daheim aus, und der Kapitän dachte: da oben am Hang möchte ich schon wohnen. Am Abend kam ein Mann und bot ihnen seine Farm an. Das war für die Trapps wie ein Geschenk des Himmels, und sie schlugen zu, obgleich das Haus recht wackelig aussah. Kaum klopften sie den alten Putz ab, da krachte es wahrhaftig zusammen. Aber was machte das? Sie waren genug Leute, und sie bauten sich selber ein neues Haus.

Nun hatte die Familie wieder ein eigenes Heim. Alle Kinder lebten zu Hause, die Großen vertieften sich mit dem Monsignore in Fachbücher über amerikanische Landwirtschaft, denn mit Traktoren und anderen Maschinen kannte sich keiner aus. Doch dann traten auch die USA in den Krieg gegen Hitler-Deutschland ein, und die beiden großen Trapp-Söhne wurden eingezogen. Das bedeutete nicht nur einen sorgenvollen Abschied, sondern auch, daß ihre Stimmen im Chor fehlten. Der Krieg wurde spürbar. Benzin war rationiert, so daß die Trapps manchmal nicht wußten, wie sie von einer Tournee heimkommen sollten. Baumaterial war auch knapp, doch Behörden und Nachbarn halfen, so viel sie konnten, und im Frühjahr kochte Maria und die Kinder aus dem Saft ihrer eigenen Zuckerahornbäume Sirup, als ob sie schon immer Farmer in Vermont gewesen wären.

Im Herbst mußten sie die Tournee mit der Bahn hinter sich bringen. Das war anstrengend, denn des Krieges wegen fuhren weniger Züge, die Abteile waren überfüllt. Weil auch viele Buslinien eingestellt waren, wurden die Trapps einmal mit dem Leichenwagen abgeholt! Das letzte Jahr des Krieges brach an, und als er endlich aus war, bekamen die Trapps einen Brief aus der österreichischen Heimat und erfuhren, wie bitter die Not und der Hunger dort herrschten.

Wir müssen unseren Landsleuten helfen! Das beschlossen alle sofort und einstimmig. Sie gründeten die „Österreich-Hilfe der Familie Trapp" und bekamen aus Wien die Anschrift von Tausenden von Bedürftigen.

Nun zogen sie durch Amerika und sangen und warben außerdem für ihr Land. Sie gaben in jeder Stadt, in der sie auftraten, Interviews für Zeitungen und Rundfunkanstalten, verteilten vor den Konzerten Zettel und hielten in der Pause Ansprachen. Maria sagte dabei immer: „Wenn Sie nicht selber Pakete packen wollen – wir nehmen Ihnen die Arbeit ab! Unser großer blauer Bus steht morgen früh vor dem Hotel!" Spenden über Spenden liefen ein. Frauen zogen vor dem Bus ihren Wintermantel aus und gaben ihn ab, Kinder brachten Candy, Kaugummi und ihre Lieblingsteddys.

Jeder brachte das, was er entbehren konnte. Und manchmal war der blaue Bus so vollgepackt, daß die Kinder nur noch im Mittelgang stehen konnten. Das machte ihnen aber nichts aus, sie freuten sich über den Erfolg ihrer Aktion.

Die Trapps fuhren mit dem blauen Bus vom Osten der USA nach dem Westen, und wenn ein Konzert hinter ihnen lag und sie zur nächsten Stadt fuhren, packten sie die Gaben zu Paketen, in Kartons und Säcke, die sie sich auch erbettelt hatten. Die Mädchen packten, die Männer nähten oder schnürten die Pakete und Säcke zu, Agathe schrieb die Adressen, Johanna und die kleine Maria tippten die Briefe: Ankündigungen der Pakete und später Antworten auf die zahllosen Dankesbriefe.

Antworten und Ratschläge auch an viele der 14000 Familien, für die die Trapps in den USA Paten gefunden hatten. Am Ende der Reise kamen sie mit dem Packen gar nicht mehr nach, und an der kalifornischen Grenze fielen die Beamten fast um: wie sollten sie dieses Warenlager kontrollieren? In Windeseile packten die Trapps alles aus und gleich zu sechsundvierzig dicken Paketen!

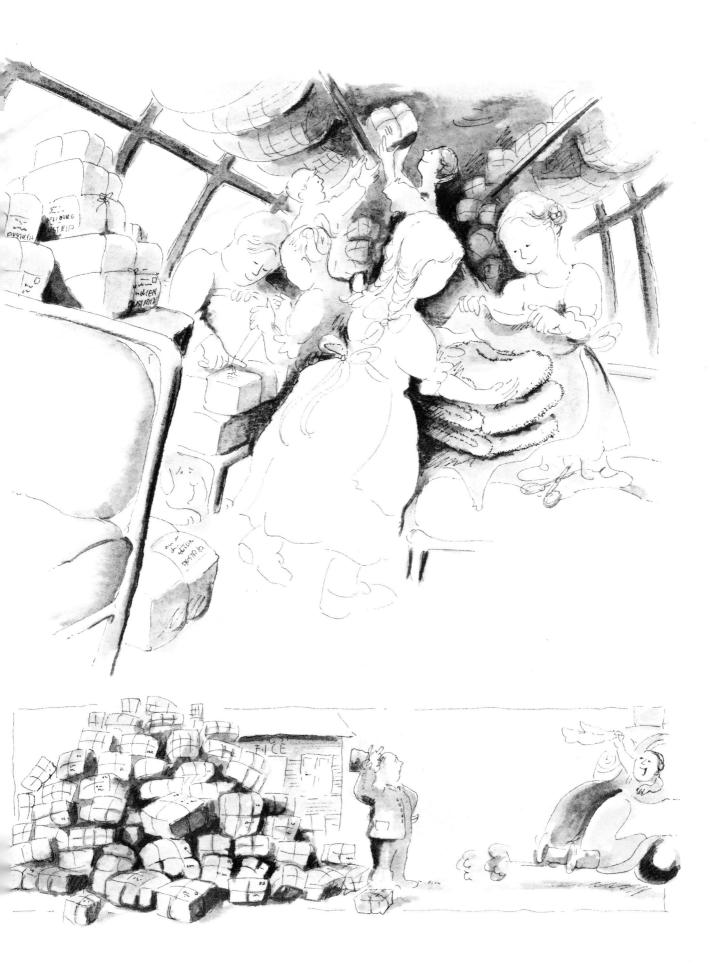

Unterdessen kamen die Söhne heil und gesund nach Hause. Die Trapps sammelten und packten zwei Jahre lang 150 000 Kilogramm Kleider,

Konserven und Spielzeug für Österreich. Das machte Mühe, aber sie freuten sich bei jedem Paket, das ja nicht nur die Not linderte, sondern die Hoffnung stärkte, ohne die kein Mensch glücklich leben kann.

Im Dezember 1955 gab die Trapp-Familie ihre letztes öffentliches Konzert in New York. Zwanzig turbulente Jahre lagen hinter ihr, in denen sie in über dreißig Ländern die Menschen mit ihrer Musik erfreut hatte.

Zu ihrer Zeit waren die Trapps die größte Kassenattraktion der amerikanischen Konzertgeschichte. Die alljährlichen Weihnachtskonzerte in der New Yorker Stadthalle waren auf Monate im voraus ausverkauft. Die musikalische Leitung des Chores hatte Monsignore Wasner, der die Trapp-Familie von Österreich nach Amerika begleitet hatte.

Die uneigennützigen Wohltätigkeitsaktionen nach dem Zweiten Weltkrieg waren ein ebenso bestimmender Teil der Familie wie ihre unnachgiebigen Bemühungen um Perfektion in ihrer Musik.

Baron Georg von Trapp starb 1947. Die Trapps blieben in Amerika. Nachdem ihre musikalische Karriere geendet hatte, bauten sie ihr Haus in den Vermonter Bergen in ein Hotel um.

Die aufregenden und ungewöhnlichen Erlebnisse dieser Familie sind in vielen Zeitschriften, in Büchern, Filmen und auch in einem Musical festgehalten worden. Maria von Trapp schrieb ihre Erinnerungen u. a. in dem Buch: „Die Trapp-Familie. Vom Kloster zum Welterfolg" (Amalthea-Verlag, Wien 1981, Neuauflage des gleichnamigen Buches von 1951).

If I Knew

Kanon zu drei Stimmen

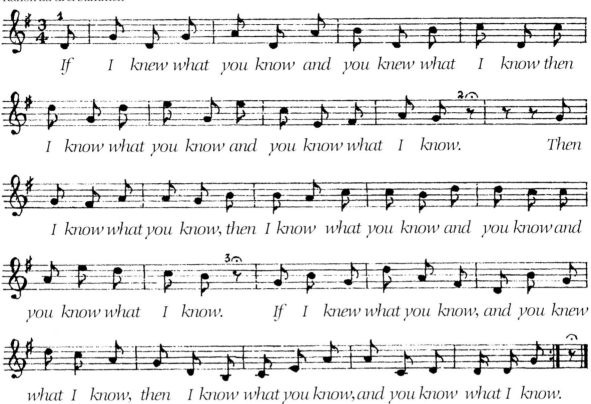

If I knew what you know and you knew what I know then
I know what you know and you know what I know. Then
I know what you know, then I know what you know and you know and
you know what I know. If I knew what you know, and you knew
what I know, then I know what you know, and you know what I know.

Für die Mitarbeit an diesem Buch danken wir besonders:
Herrn F. C. Schang, dem ehemaligen Manager der Trapp Family Singers, dem Österreichischen Staatsarchiv in Wien,
der Universitätsbibliothek in Salzburg,
den Salzburger Nachrichten,
Associated Press in New York,
der New York Public Library for Performing Arts und der Morristown Centennial Library in Vermont.

Für die Übersetzung des Yankee Doodle (S. 90) danken wir Frau Jutta Schall-Emden, London.

Jetzt gang i ans Brünnele

Volksweise 1825 nach Silcher

Jetzt gang i ans Brün-ne-le, trink' a-ber net, jetzt
gang i ans Brün-ne-le, trink' a-ber net, do
such i mein herz-tau-si-gen Schatz, fin-d'n a-ber net,
do such i mein herz-tau-si-gen Schatz, fin-d'n a-ber net.

Do laß i meine Äugelein um und um gehn,
do sieh'n i mein' herztausige Schatz bei 'me'n andere stehn.

Und bei 'me'n andere stehn sehn, ach das tut weh!
Jetzt b'hüt di Gott, herztausige Schatz, di b'siehn i nimme meh'.

Jetzt kauf' i mi Dint'n und Fed'r und Papier
und schreib' mei'm herztausige Schatz einen Abschiedsbrief.

Jetzt leg' i mi nieder aufs Heu un aufs Stroh,
do fallen drei Röselein mir in den Schoß.

Und diese drei Röselein sind blutigrot,
jetzt weiß i net, lebt mein Schatz oder ist er tot.

Schlafe, mein Prinzchen, schlaf ein

Wolfgang Amadeus Mozart

Schla - fe, mein Prinzchen, es ruhn Schäf - chen und Vö - gel - chen nun,

Gar - ten und Wie-se ver-stummt, auch nicht ein Bienchen mehr summt.

Lu - na mit sil - ber - nem Schein guk - ket zum Fen - ster her - ein:

schla - fe beim sil - ber - nen Schein! Schla - fe, mein Prinz-chen,

schlaf ein, schlaf ein ——————, schlaf ein!

Wer ist beglückter als du?
Nichts als Vergnügen und Ruh!
Spielwerk und Zucker vollauf,
und noch Karossen im Lauf;
alles besorgt und bereit,
daß nur mein Prinzchen nicht schreit.
Was wird da künftig erst sein?
Schlafe, mein Prinzchen, schlaf ein!

Yankee Doodle

Yan-kee Doo-dle ritt zur Stadt auf sei-nem brau-nen Po-ny,
und dort sah er gar vie-le Leut', die aßen Mak-ka-ro-ni.
Yan-kee Doo-dle, hopp-sas-sa, mach du nur so wei-ter,
geh durchs Leben frisch und frei, du klei-ner Po-ny - rei-ter.

Er band sein Pony an den Baum
und gab ihm Heu zu fressen,
bestellte Makkaroni sich,
die er noch nie gegessen.
Yankee Doodle, hoppsassa,
mach du nur so...

Alsdann schwang er im Tanze fein
viel junge, hübsche Mädchen
und rief: „Bald komm ich wieder her,
in dieses lust'ge Städtchen!"
Yankee Doodle, hoppsassa,
mach du nur so...

Der Yankee Doodle wurd' gar müd'
vom Tanzen und der Sonne,
und auf dem Heimweg schlief er fest
auf seinem braunen Pony.
Yankee Doodle, hoppsassa,
mach du nur so...

Aunt Rhody

Waltzing Matilda

Down came a jumbuck to drink at the billabong,
Up jumped the swagman and grabbed him with glee;
And he sang as he shoved that jumbuck in his tucker-bag,
'You'll come a- waltzing Matilda with me!'

Up rode the squatter mounted on his thoroughbred;
Down came the troopers—one, two and three.
'Whose the jolly jumbuck you've got in your tucker-bag?
You'll come a-waltzing Matilda with me.'

Up jumped the swagman, sprang into the billabong,
'You'll never catch me alive,' said he.
And his ghost may be heard as you pass by that billabong,
'Who'll come a-waltzing Matilda with me?'

Was die englischen Lieder erzählen:

If I knew
Wenn ich wüßte, was du weißt
und du wüßtest, was ich weiß –
dann weiß ich, was du weißt
und du weißt, was ich weiß.

Aunt Rhody
Lauf, sag Tante Rhody,
ihre alte Gans ist tot.
S'ist die, die sie behalten wollt,
zu machen ein Federbett.
Sie starb in dem Mühlteich,
als sie stand auf dem Kopf.
Die Gänslein, sie schrein,
denn ihre Mam is' tot.
Lauf, sag Tante Rhody,
ihre alte Gans ist tot.

Das australische Lied „Waltzing Matilda"
erzählt die Geschichte von einem Saison-
arbeiter (swagman) auf einer Schaf-Farm,
der einmal an einem Tümpel (billabong)
kampierte. Er machte sich Wasser heiß in
seiner Blechbüchse (billy) und wartete.
Ein Schaf (jumbuck) kam zum Trinken an
den Tümpel.
Das tötete er. Als er dabei war, es zu
braten, wurde er vom Farmer (squatter)
und den Aufsehern (troopers) entdeckt, die
fragten, woher er das Schaf in seinem
Vorratssack (tucker-bag) hätte.
Er wollte nicht ins Gefängnis und rief:
„Lebendig schnappt ihr mich nicht!"
und sprang in den Tümpel.
„Matilda" ist die aufgerollte Wolldecke, die
zur Not zu einem Tanz herhalten muß,
wenn man allein ist und niemanden zum
Tanzen hat: Waltzing Matilda.

Rosemarie beim Schweinehüten

Schlittenfahrt mit Gästen

Das Haus der Trapp Familie in Vermont, das später ein bekanntes Hotel wurde